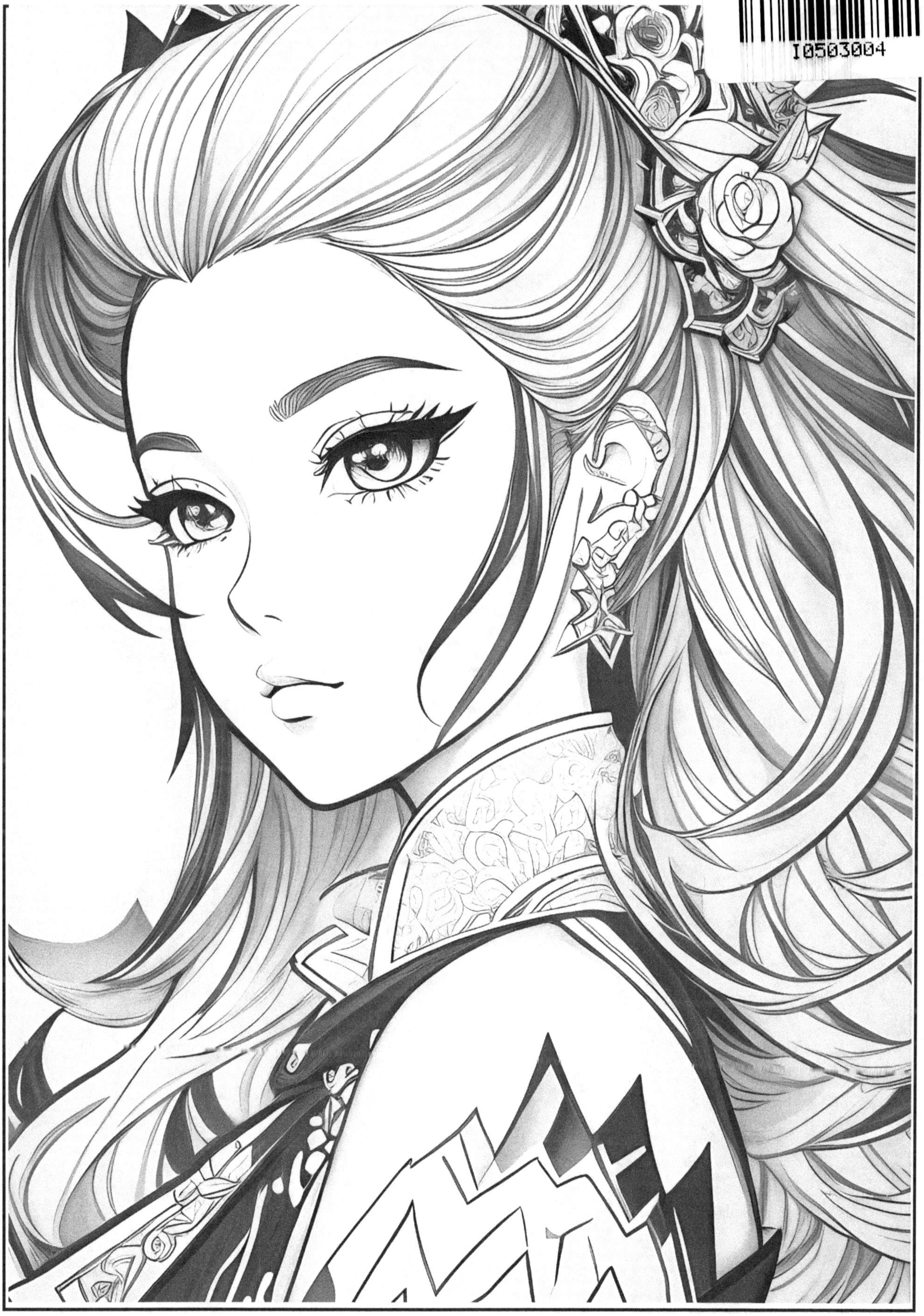

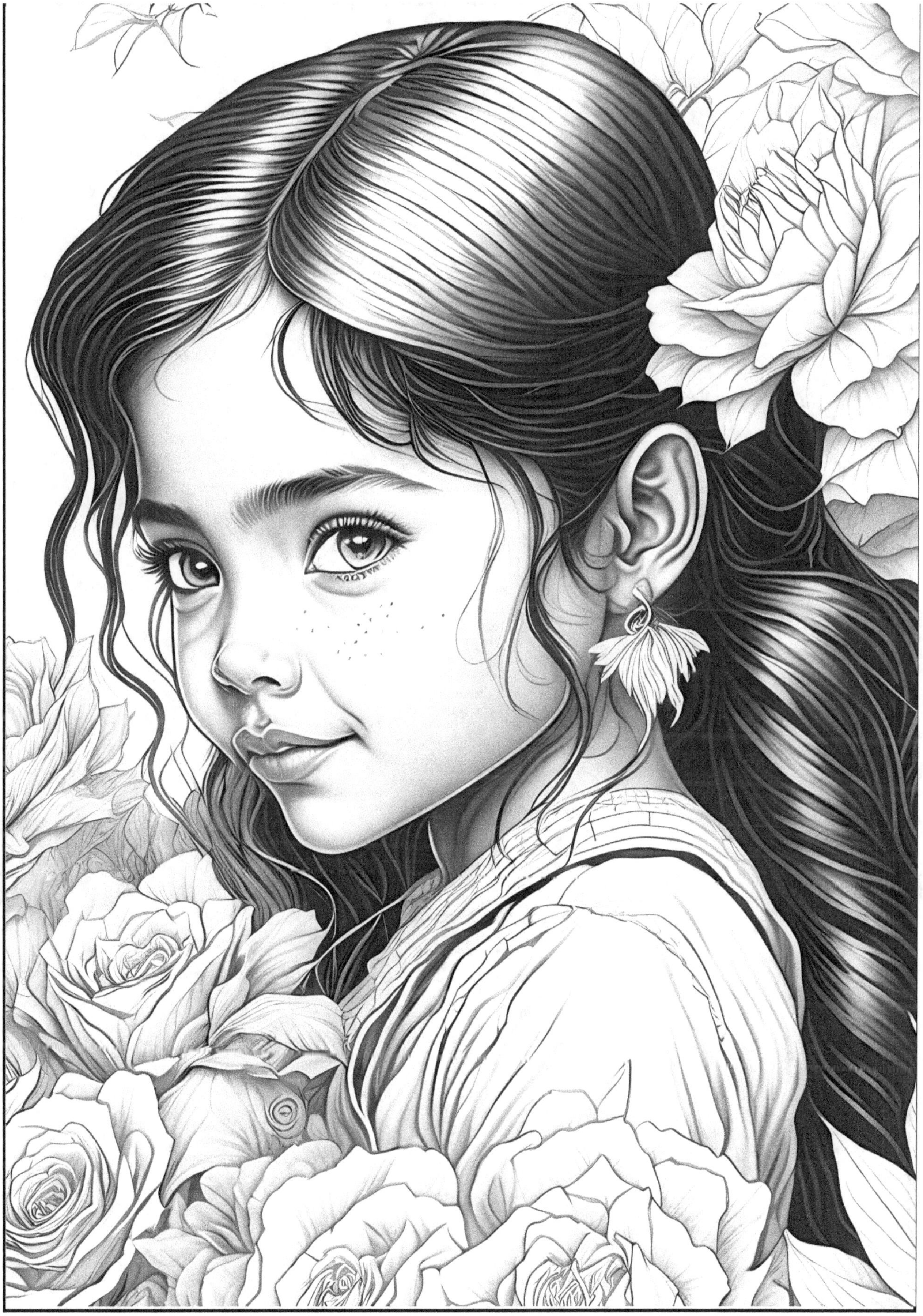

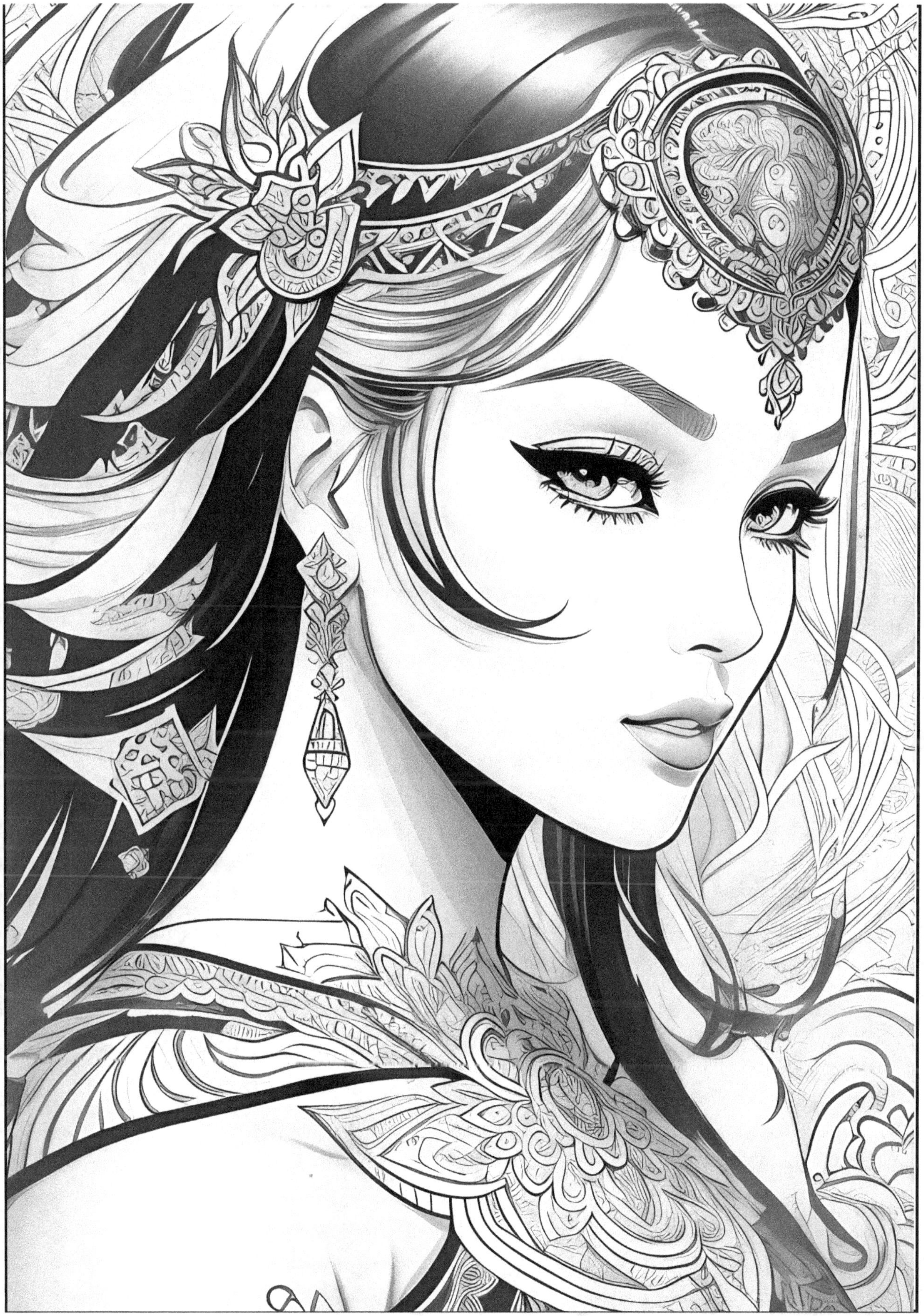

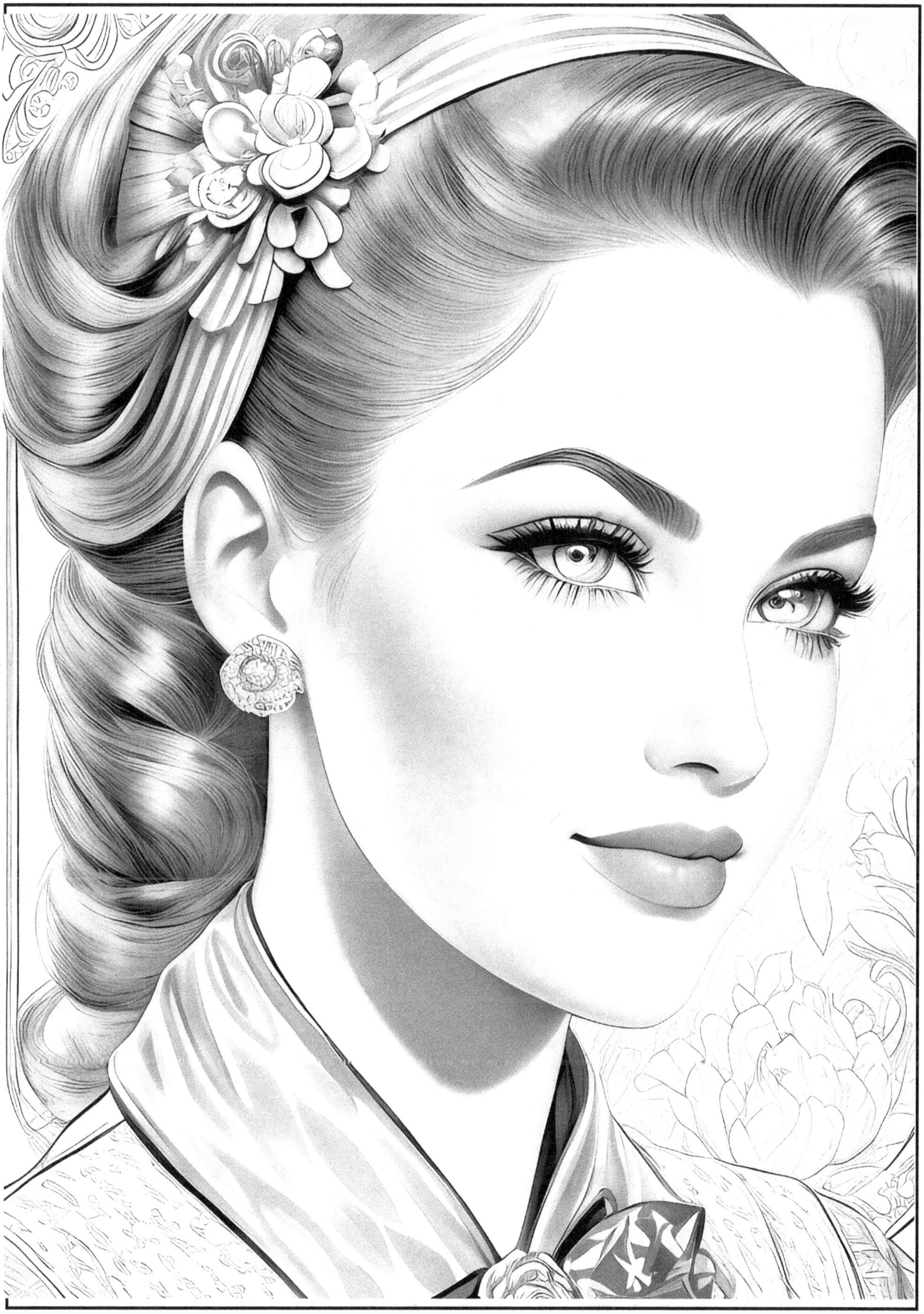

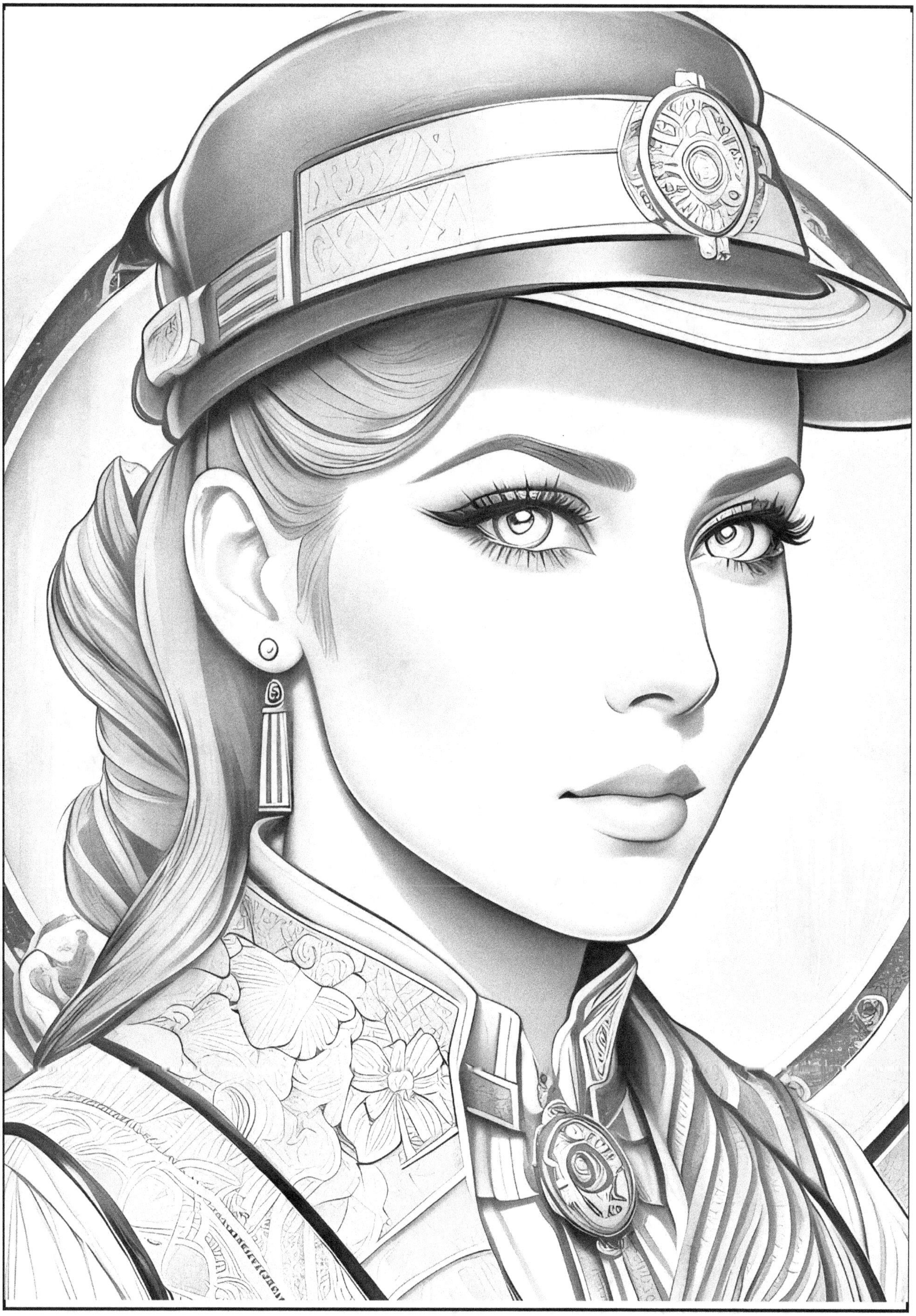

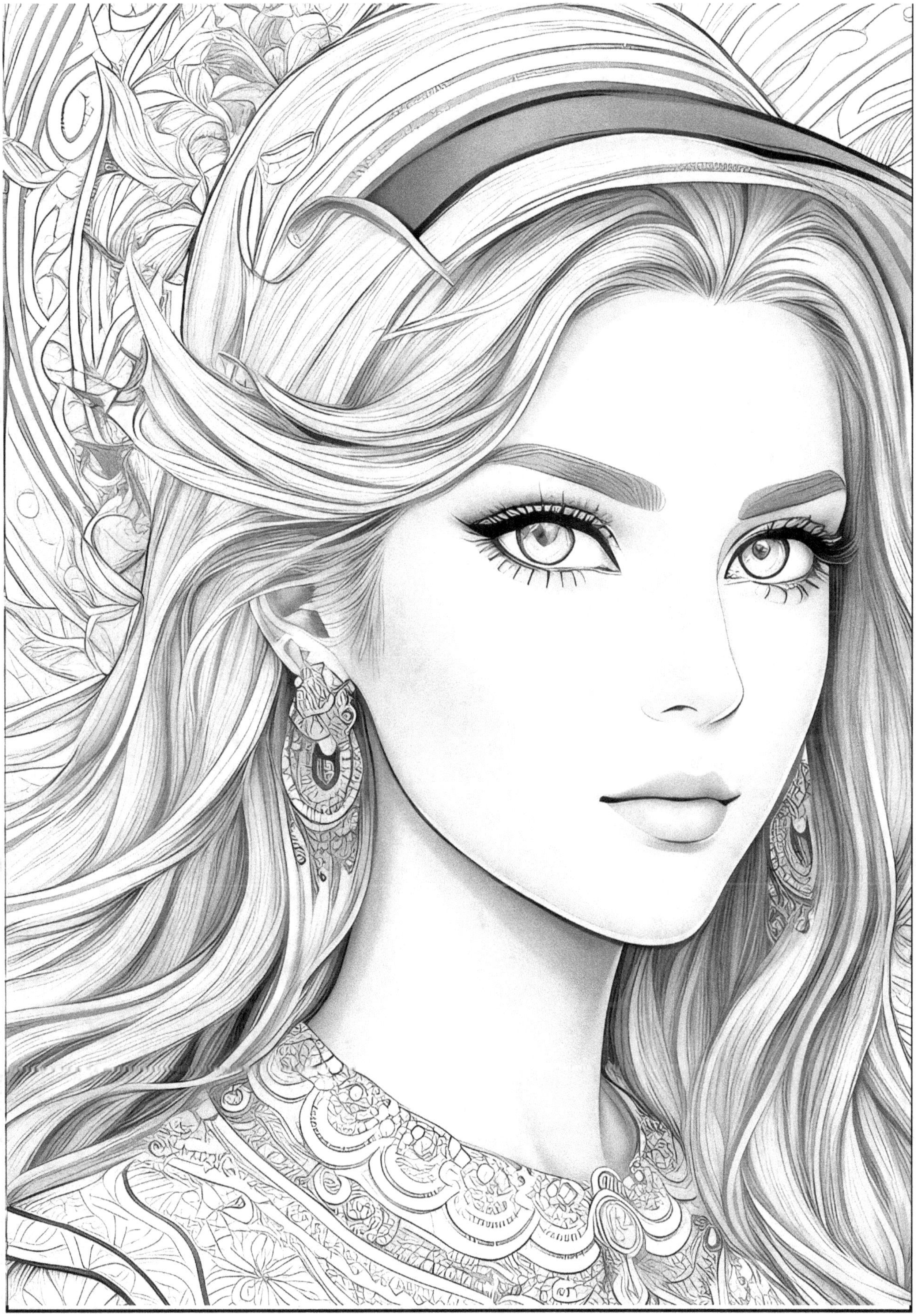

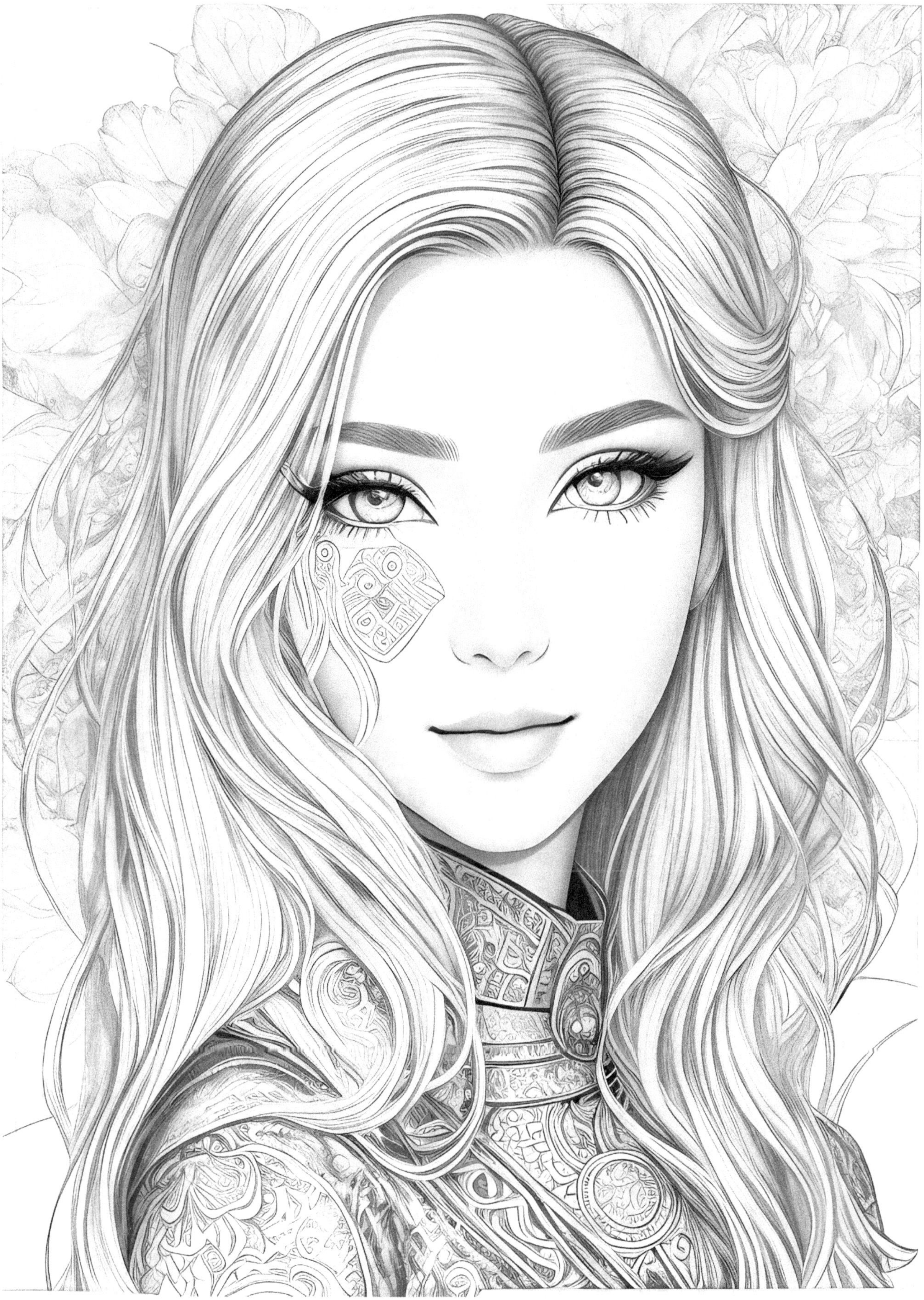

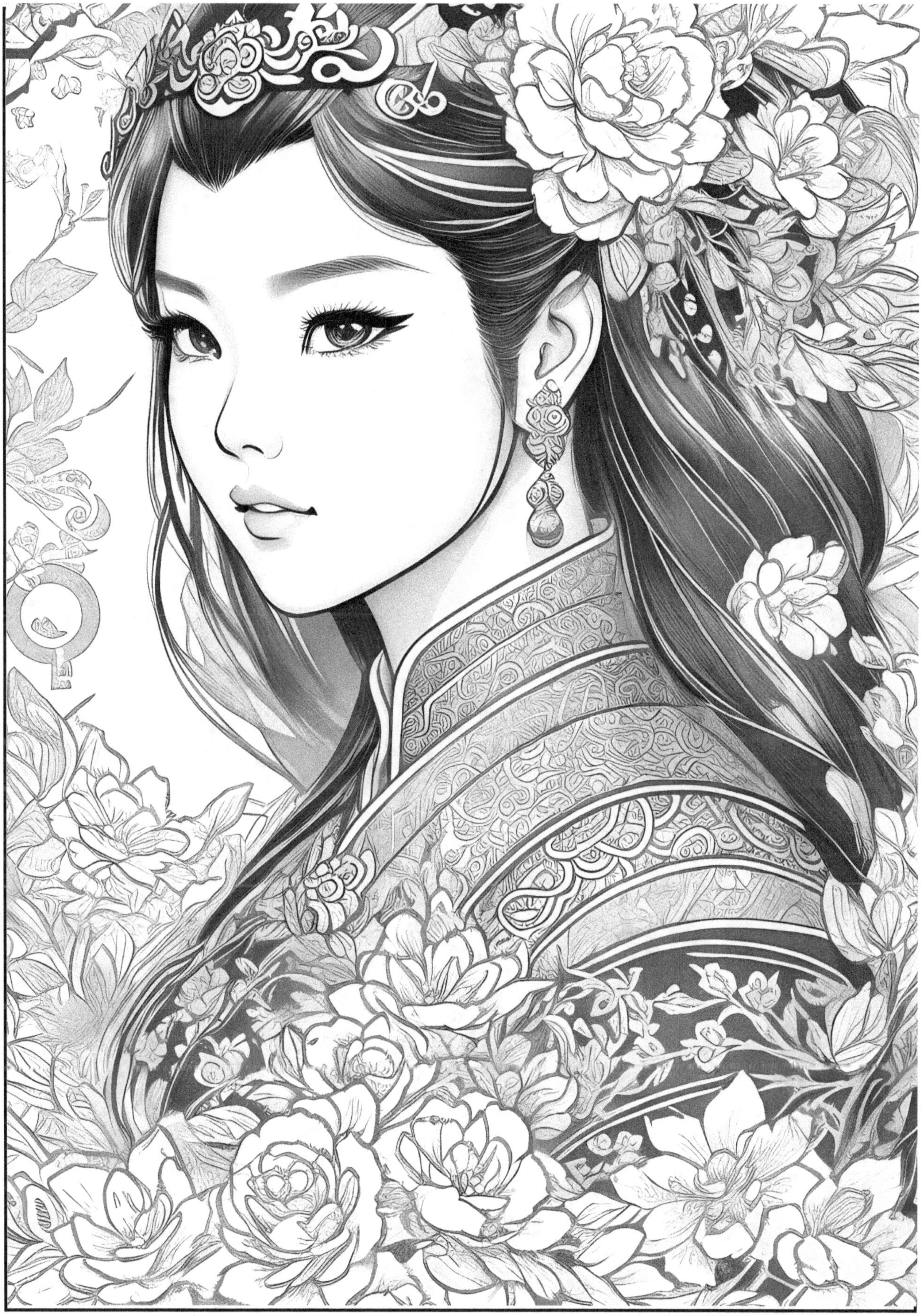

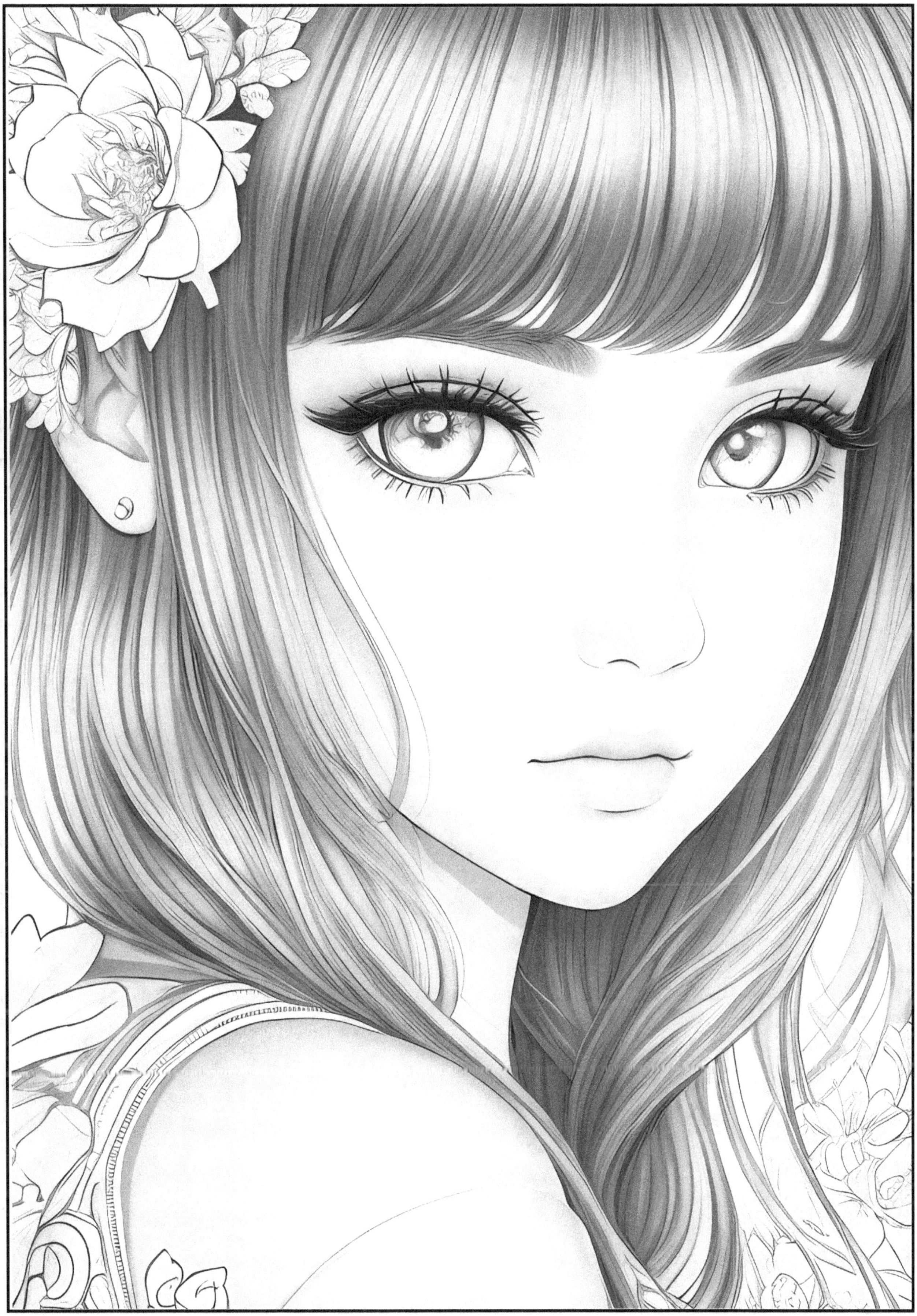

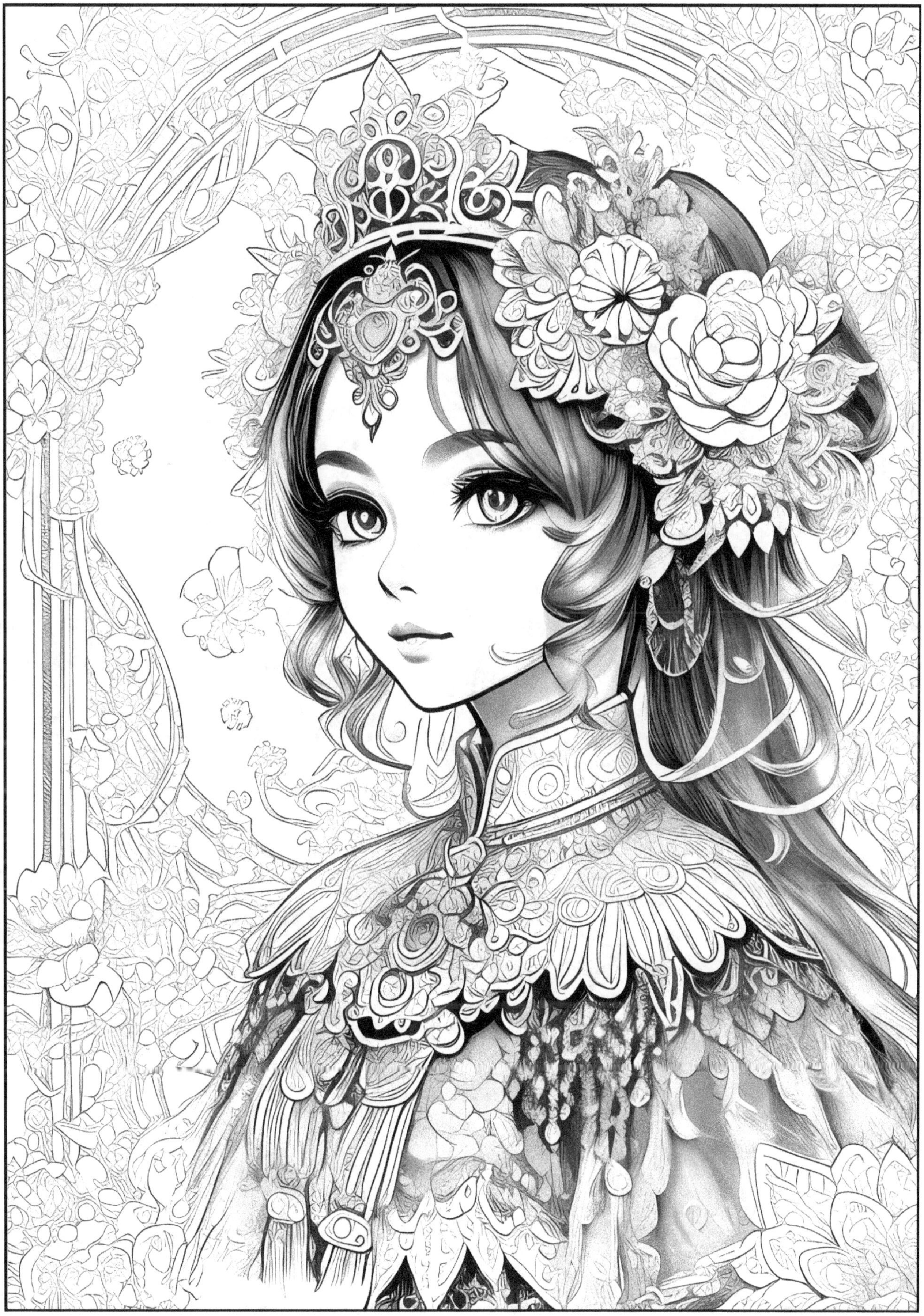

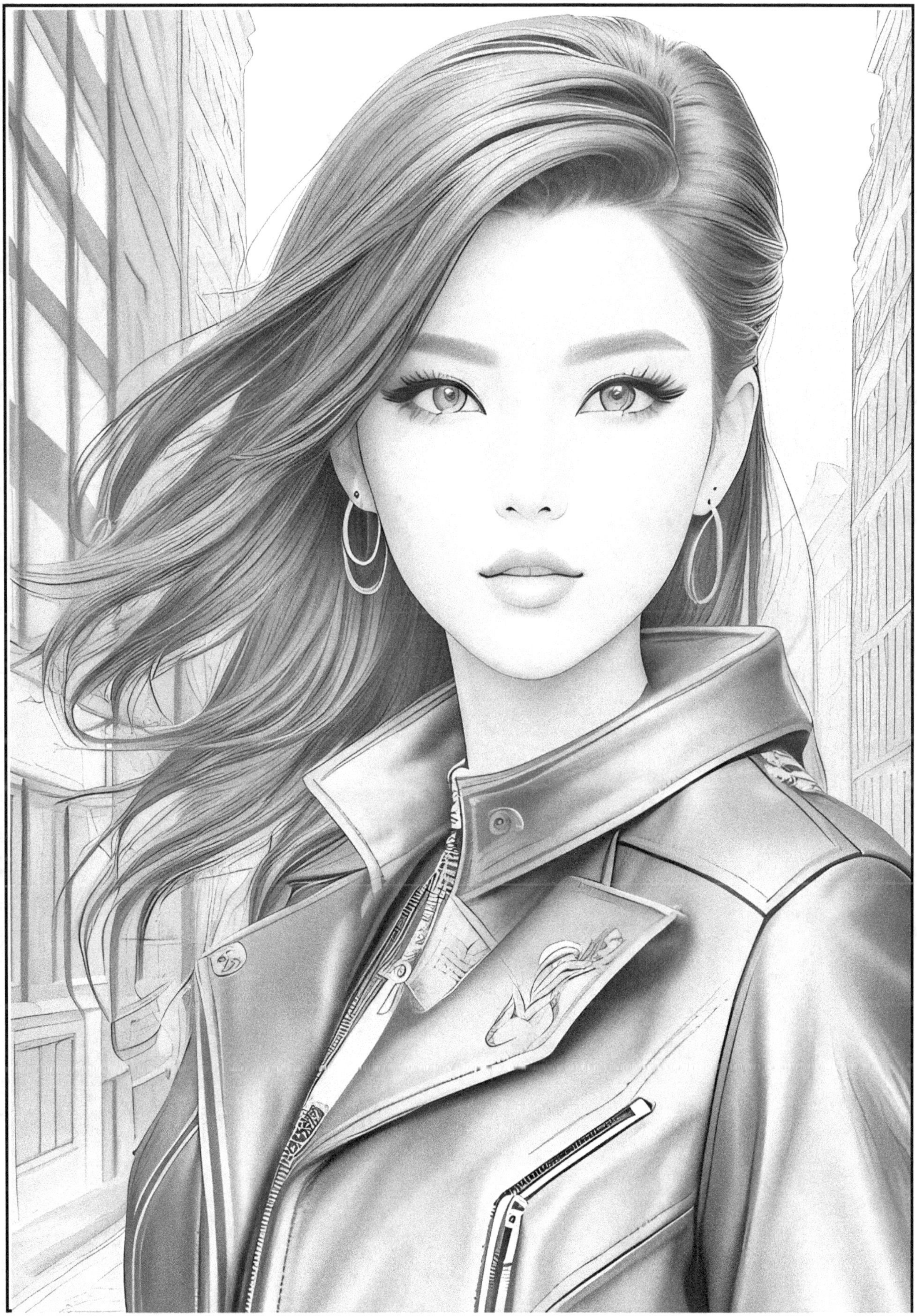

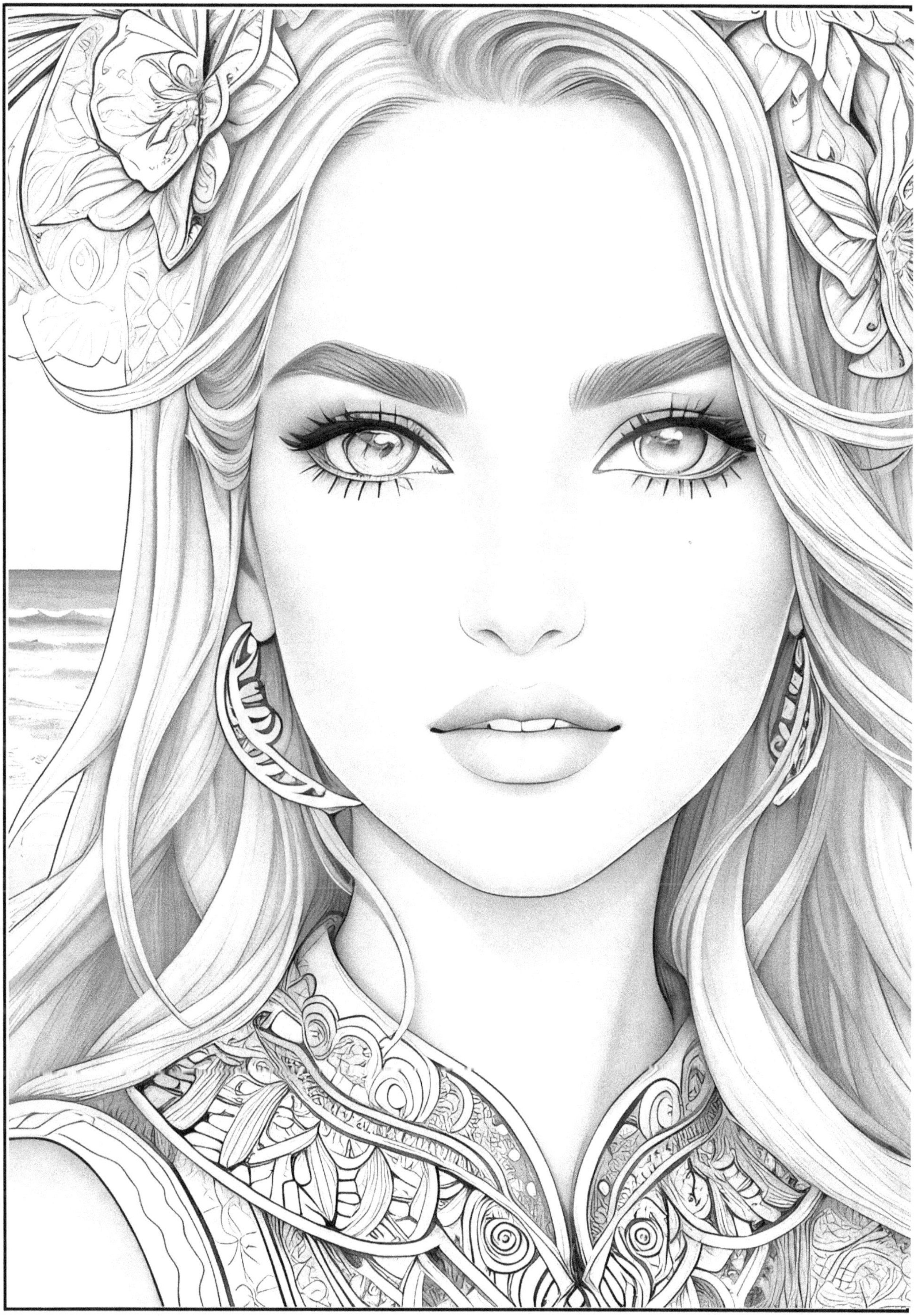

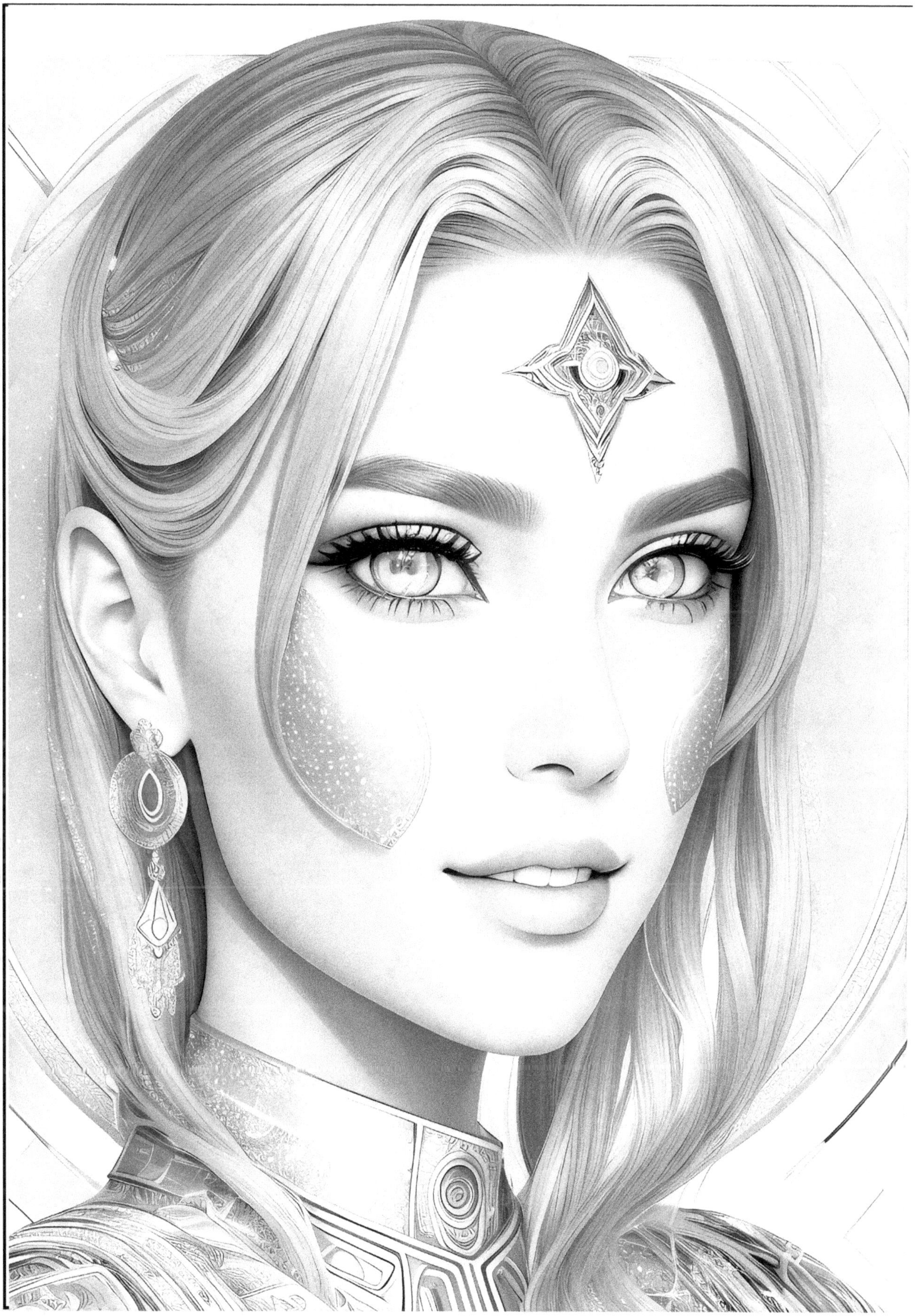

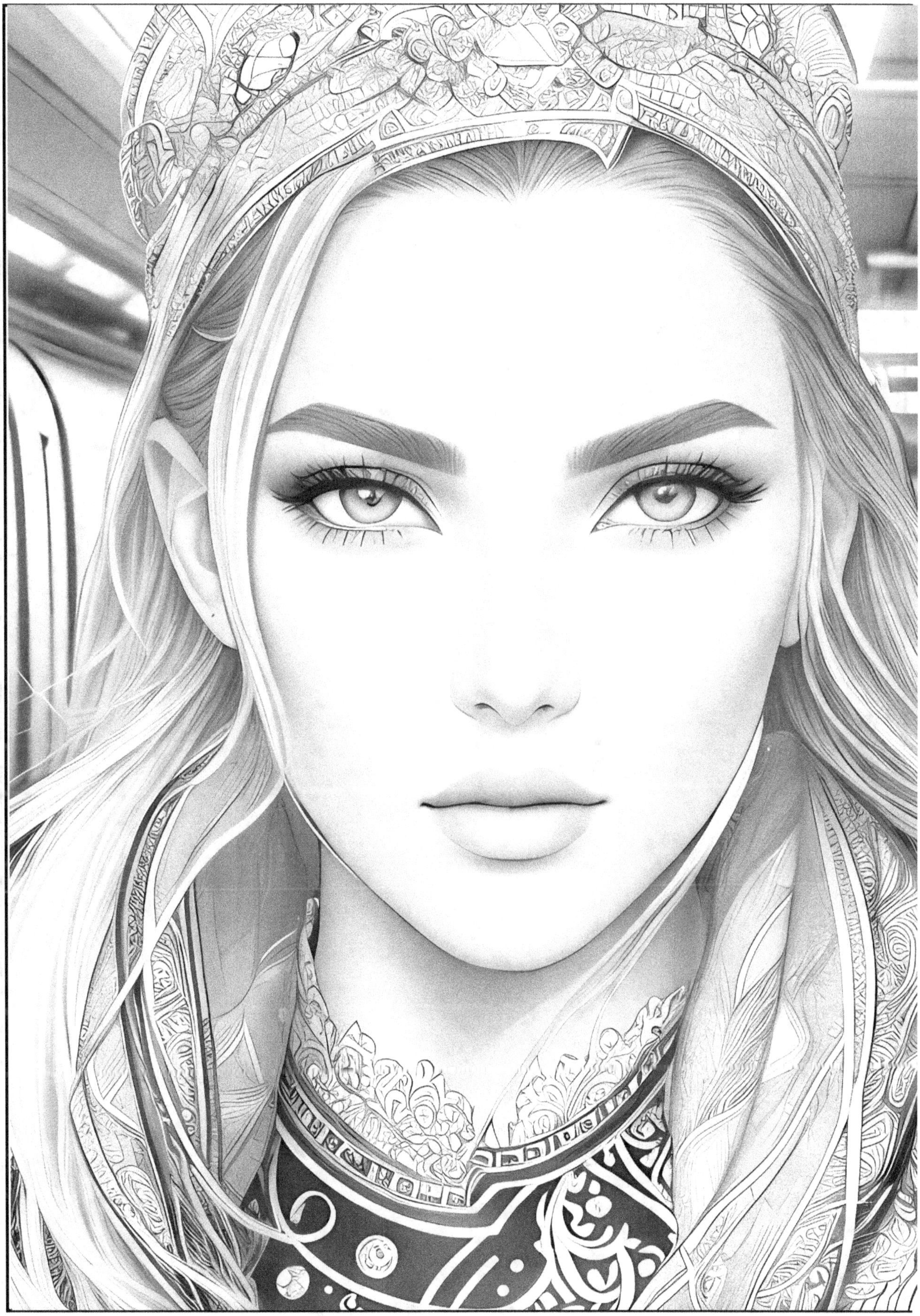

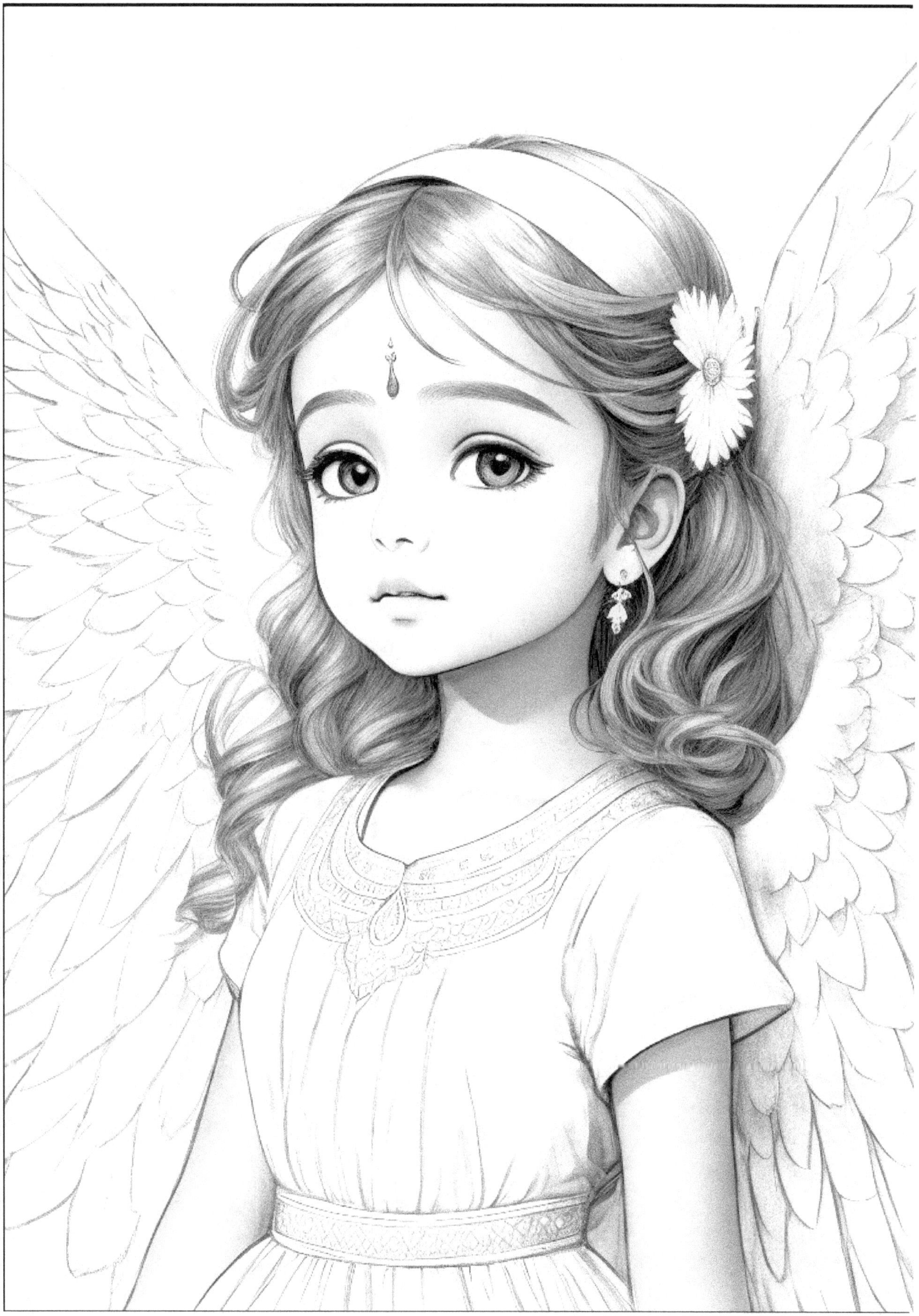

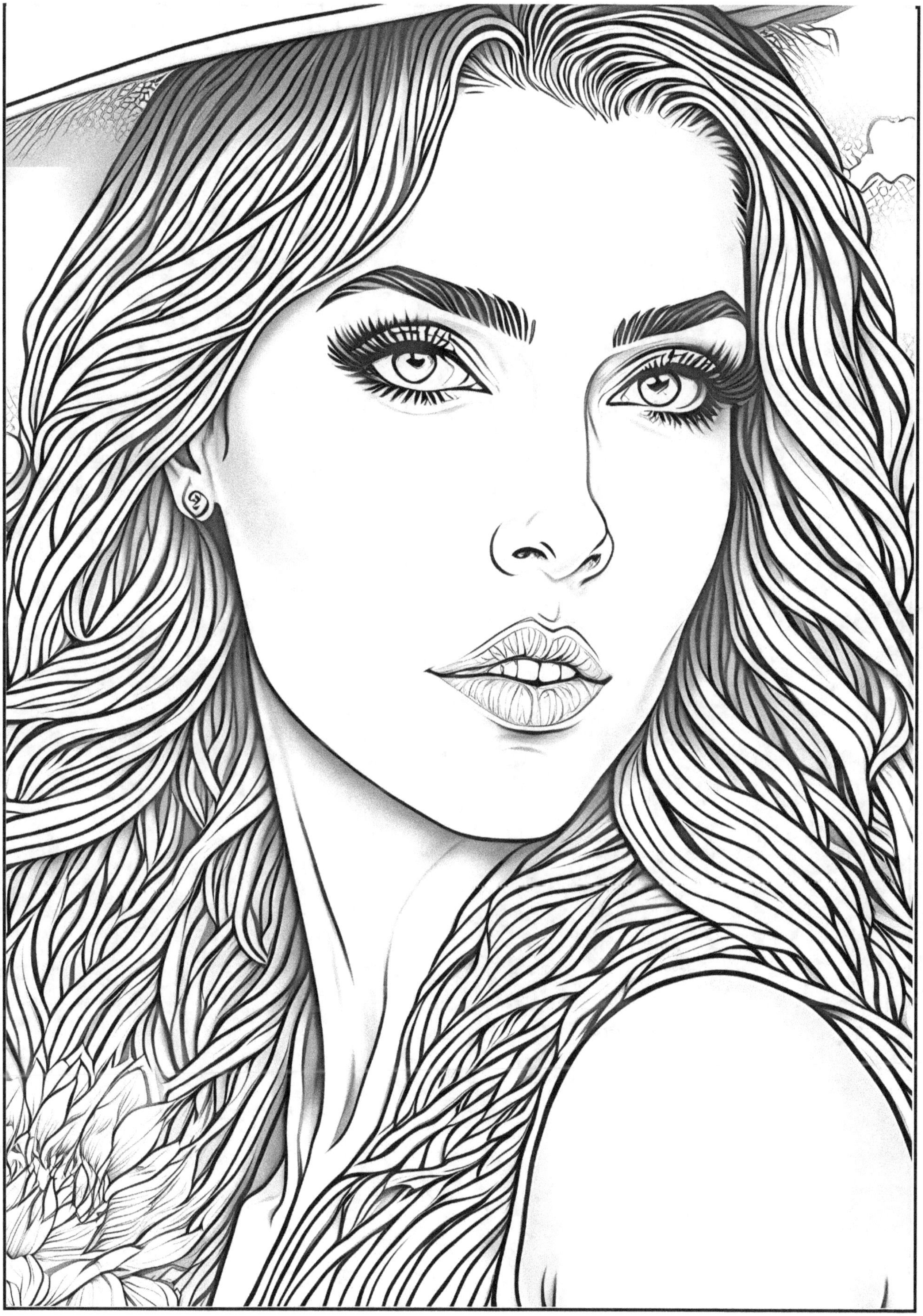

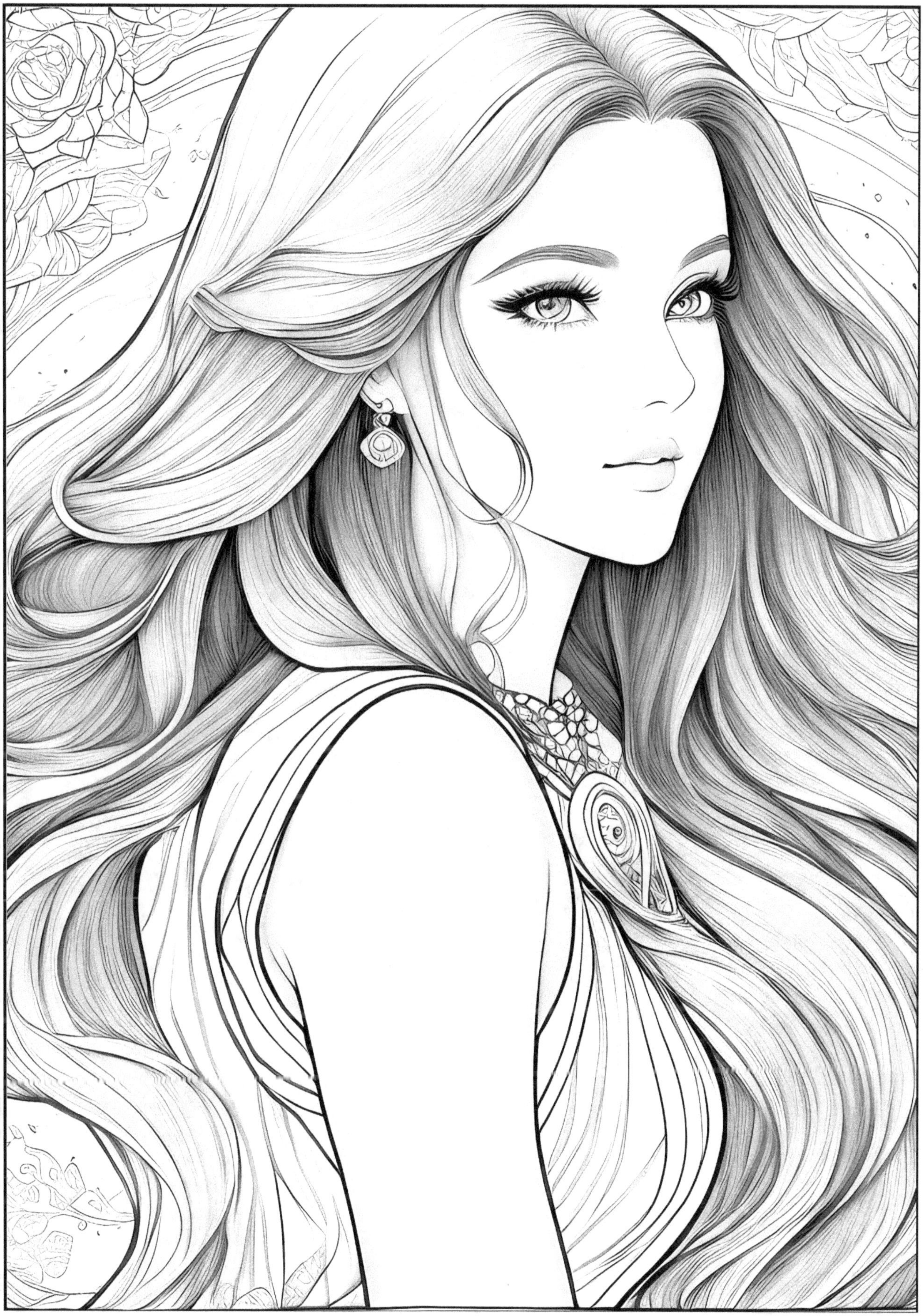

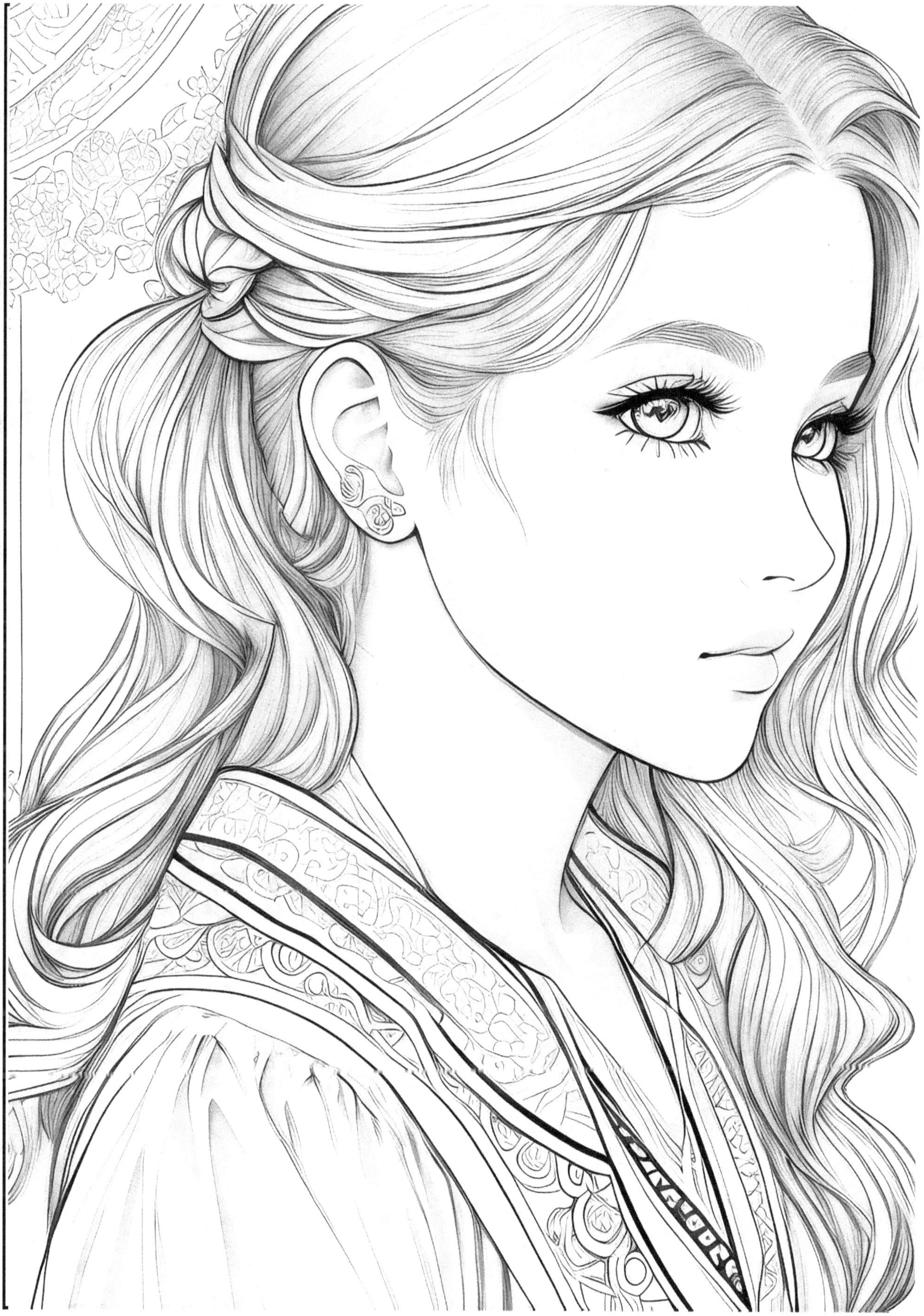

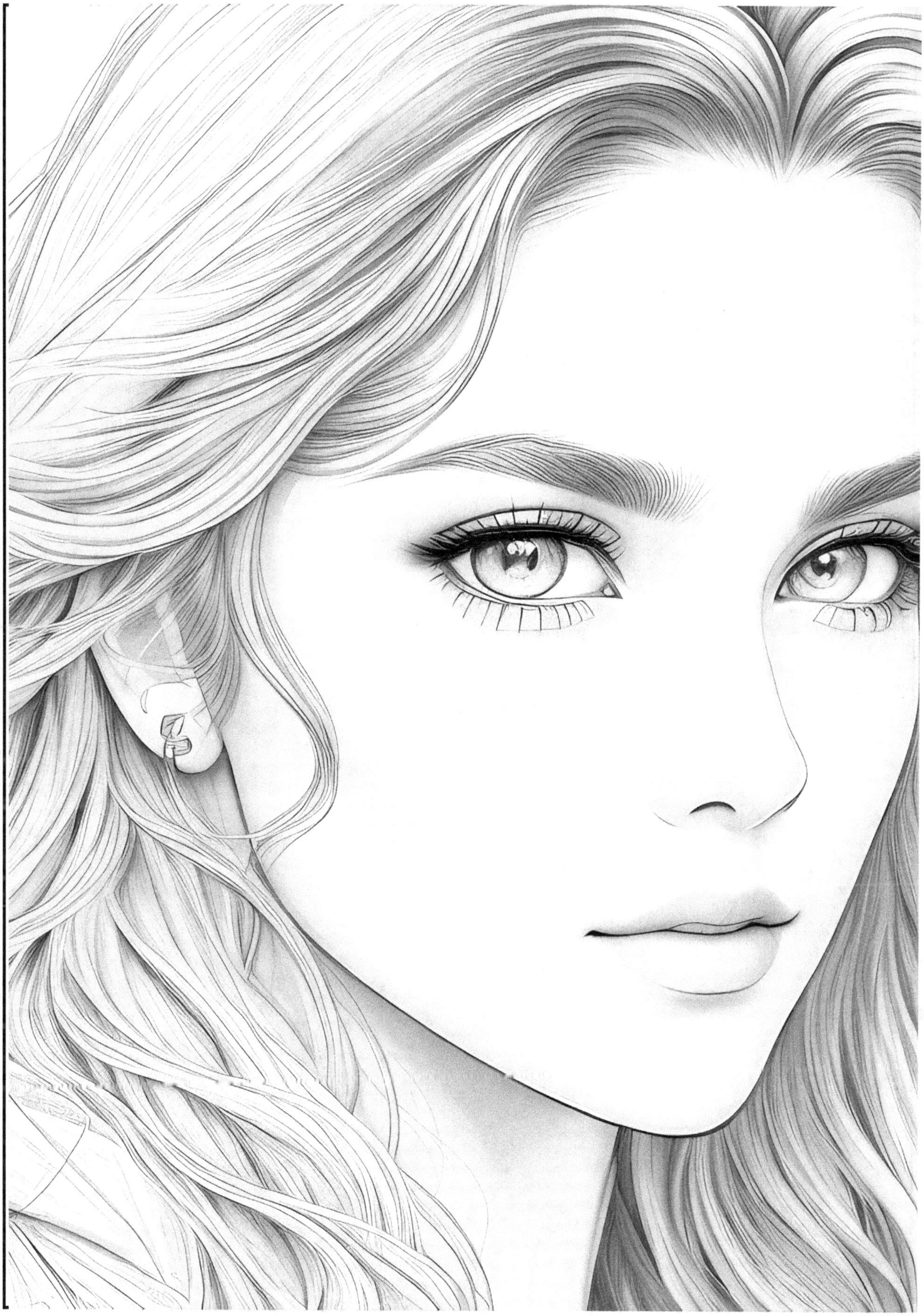

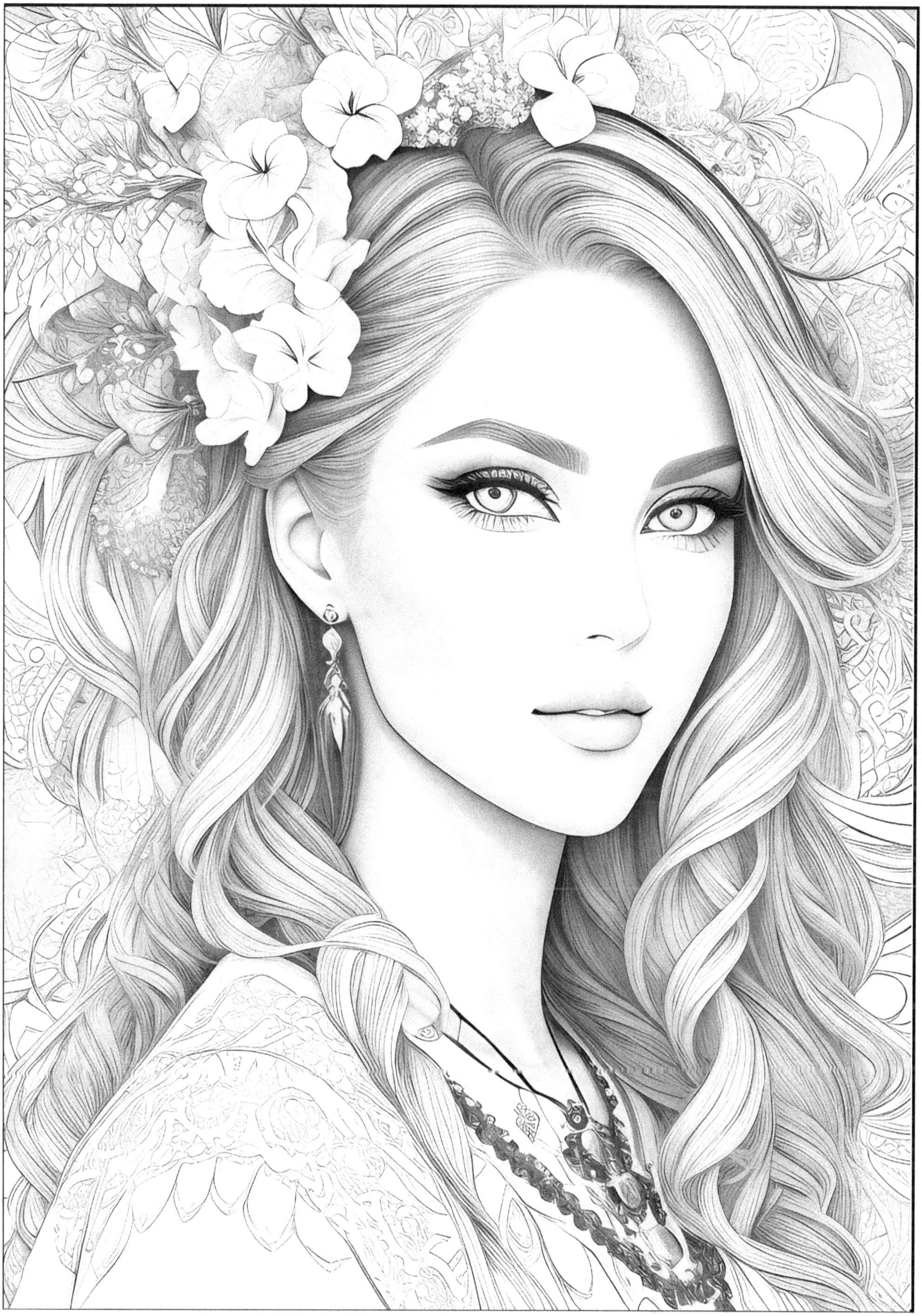

www.ingramcontent.com/pod-product-compliance
Lightning Source LLC
Chambersburg PA
CBHW081706220526
45466CB00009B/2897
* 9 7 9 8 3 9 5 3 5 1 0 1 2 *